Philipp Rüfer

Merlin - grosse Oper in drei Akten

Philipp Rüfer

Merlin - grosse Oper in drei Akten

ISBN/EAN: 9783743443334

Hergestellt in Europa, USA, Kanada, Australien, Japan

Cover: Foto ©Thomas Meinert / pixelio.de

Manufactured and distributed by brebook publishing software (www.brebook.com)

Philipp Rüfer

Merlin - grosse Oper in drei Akten

MERLIN,

Grosse Oper in drei Akten.

Text von Dr. L. A. Hoffmann.

MUSIK von

PHILIPP RÜFER.

Op. 35.

Vollständiger Klavierauszug mit Text von Wilhelm Berger.

Preis M. 15. — / Fr. 18. 75.

Daraus einzeln: Romanze der Viviane. Preis M. 1. — / Fr. 1. 25.

Text. Preis M. —. 50. / Fr. —. 65.

Eigenthum der Verleger für alle Länder.

LEIPZIG und BRÜSSEL,

BREITKOPF & HÄRTEL.

Eingetragen in das Vereinsarchiv.

Entd Sta Hall

Paris, V. Durdilly & Cie, 11 bis Boulevard Haussmann

Ihrer Kaiserlichen und Königlichen Hoheit

der

Frau Kronprinzessin

des Deutschen Reiches und von Preussen

Victoria

in tiefster Ehrfurcht

gewidmet

vom Componisten.

Personen.

Merlin, Sohn des Teufels. . . . . Tenor.

Der Teufel. . . . . Bariton.

Viviane. .   . Sopran.

König Artus. . . . . Bariton.

Ginevra, seine Gemahlin. . . . . Mezzo-Sopran oder Alt.

Gawein, sein Neffe. . . . . Bass.

Aleard, Ritter und Sänger am Hofe des Artus. . . . . Tenor.

Erster Ritter. . . . . Tenor.

Zweiter Ritter. . . . . Bariton.

Chor der Ritter. Chor der Frauen. Chor der Engel.
Chor der Teufel. Knappen und Knechte.

2

MERLIN.

Grosse Oper in drei Akten.

Text von D! L. A. Hoffmann.

Musik von

PHILIPP RÜFER.

Op. 35.

Klavierauszug von
Wilh. Berger.

Erster Akt.

Erste Scene.

Wald.— In der Mitte der Bühne eine Lichtung durch die man nach dem Hintergrunde zu in freies Land und auf einen Weg sieht, der in halber Höhe an dem rechter Hand befindlichen Felsrücken entlang läuft. Links eine Hütte, vor derselben eine Rasenbank die von einem Baum beschattet ist; davon links ein Grabhügel mit Kreuz und Kranz geschmückt. Auf der rechten Seite ein Felsblock.

(Merlin mit einem Horn, Köcher und Bogen tritt durch die Lichtung in die Scene und hängt sein Jagdzeug an den Baum.)

4

6

Glie _ der, von fer _ nen Hö _ hen schauten ih _ re blau _ en Au _ gen

cresc. *mf*

poco rit.

so sehn _ suchts _ voll auf mich.

f poco rit.

Più mosso.

Dein will ich sein, rief sie, dein e _ wig

cresc. *sf*

più animato *ff*

blü _ hen _ des Weib! Komm! _

più animato *ff*

küs - se den Kuss, der e - wig ver - eint,

von den ro - si - gen Lip - pen

der Braut.__

Lento.

"Mer - lin, mein Sohn!"

rief's hin - ter mir__ ein Klang von ster - ben - den Lippen.__ da

sanken die brausenden Wogen der Lust,

Ich wan_dte mich_

und kehr_te heim.

Als meine Mutter auf dem

Ster _ be_bet_te lag,

da leg_te sie die blei_chen Hän_de in die

meinen.

Die grossen Augen, ver _ lo _ ren schon in's Jenseits,

senkte sie zum letz _ ten Mal_ auf mich her _ ab

und

Molto Adagio.

sprach: „Mer-lin, mein Sohn, wenn ich von dir ge-schieden,

leg'mich in's Grab hier, wo ich viel gelit-ten, ge-betet und gebüsst ge-

fleht um Gnade. Hüte mein Grab, bis sich dein Vater naht. Er kündet

Allegro maestoso.

dir den Weg zu höch-stem Ziel! auf diesem Wege

11

molto più vivo

findest du dein Heil. Ver - fehl' es nicht, geh' treu - los

nicht vor - ü - ber, den Treu - - - en

ret - tet er aus To - des - noth.

Allegro moderato.

Ver_sprich mir. so zu thun, wie ich dich bat." Und ich ver_sprach's.

12

Adagio.

Da flog ein se _ lig Lä _ cheln, als wär's ein

En _ gel, ü_ber ih _ re Zü _ ge, sie

drück _ te mir die Hand, und war hin _

(Er legt sich hin und schaut durch die Baumkrone zum Himmel auf.)

ü _ ber.

(Er entschläft___es wird dunkel.)

See____le!

Viol.

p

Hr.

℘ed.   ℘ed.   ℘ed.   ℘ed.

℘ed.

℘ed.

℘ed.

℘ed.

℘ed.

℘ed.

℘ed.

℘ed.

℘ed.

p Harfe.

m.s.

m.s.

℘ed.

℘ed.

℘ed.

℘ed.

℘ed.

d.s.   d.s.

Pantomime. Im Hintergrunde erscheint Christus auf der Spitze eines Berges stehend, vor ihm der

Teufel. Zu Füssen zeigt sich eine morgenländische Stadt in sonniger Pracht von üppigen Gärten umgeben.

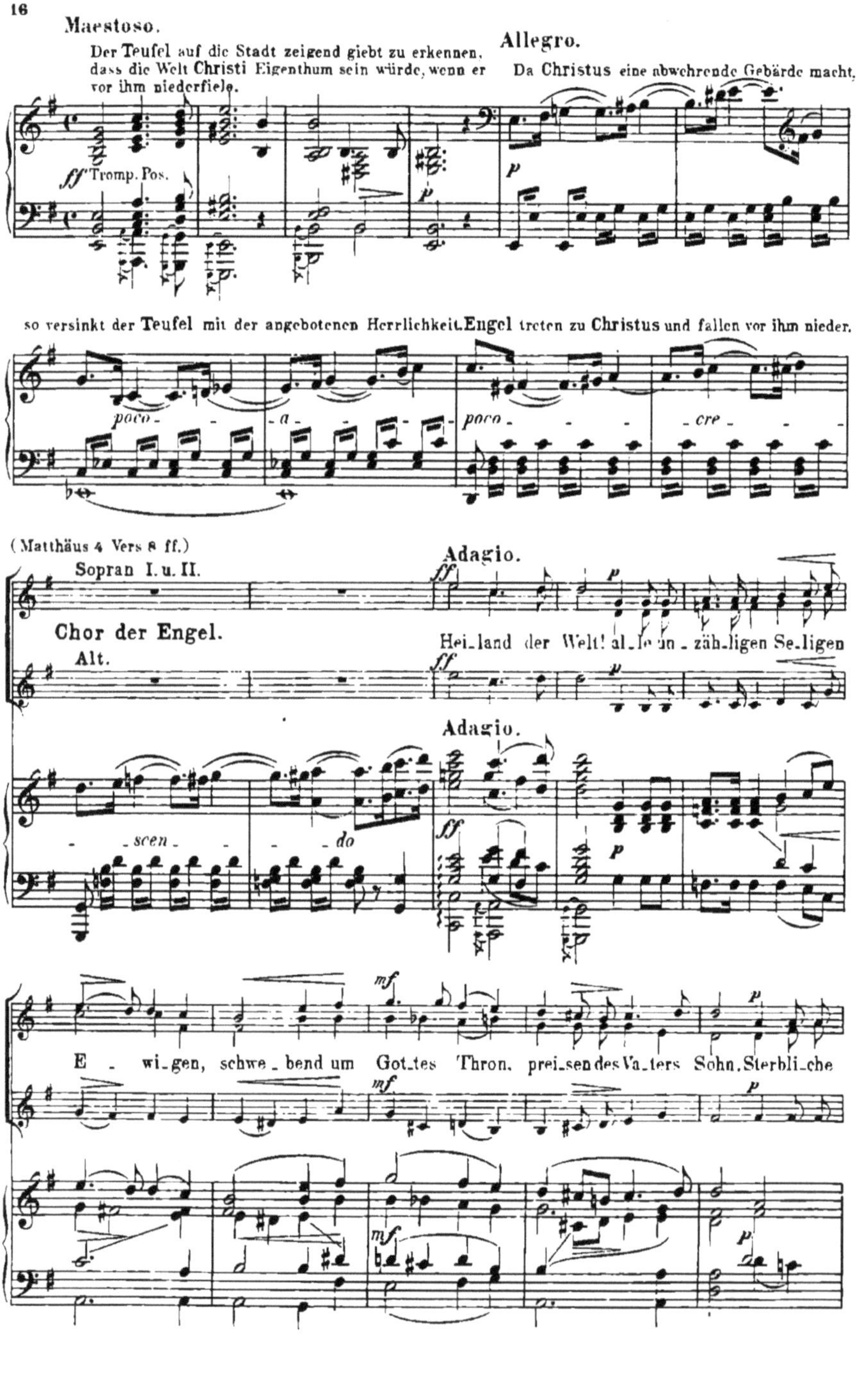

Maestoso.

Der Teufel auf die Stadt zeigend giebt zu erkennen, dass die Welt Christi Eigenthum sein würde, wenn er vor ihm niederfiele.

Allegro.

Da Christus eine abwehrende Gebärde macht,

so versinkt der Teufel mit der angebotenen Herrlichkeit.Engel treten zu Christus und fallen vor ihm nieder.

(Matthäus 4 Vers 8 ff.)

Sopran I. u. II.

Adagio.

Chor der Engel.
Alt.

Hei_land der Welt! al_le un_zäh_ligen Se_ligen

Adagio.

_scen _ _ _do

E _ wi_gen, schwe_bend um Got_tes Thron. prei_sen des Va_ters Sohn.Sterbli_che

18

(Die Erscheinung verschwindet; es ist inzwischen finster geworden. Merlin erwacht.)

Merlin.

wun_derbarer Traum! ge_öffnet war der wei_te Himmelsraum, her_

nieder quoll aus e_wig lichten Sphären be_sel'_gender Ge_sang von Engels_

chö_ren; Ich sah des Heilands rührende Ge_stalt

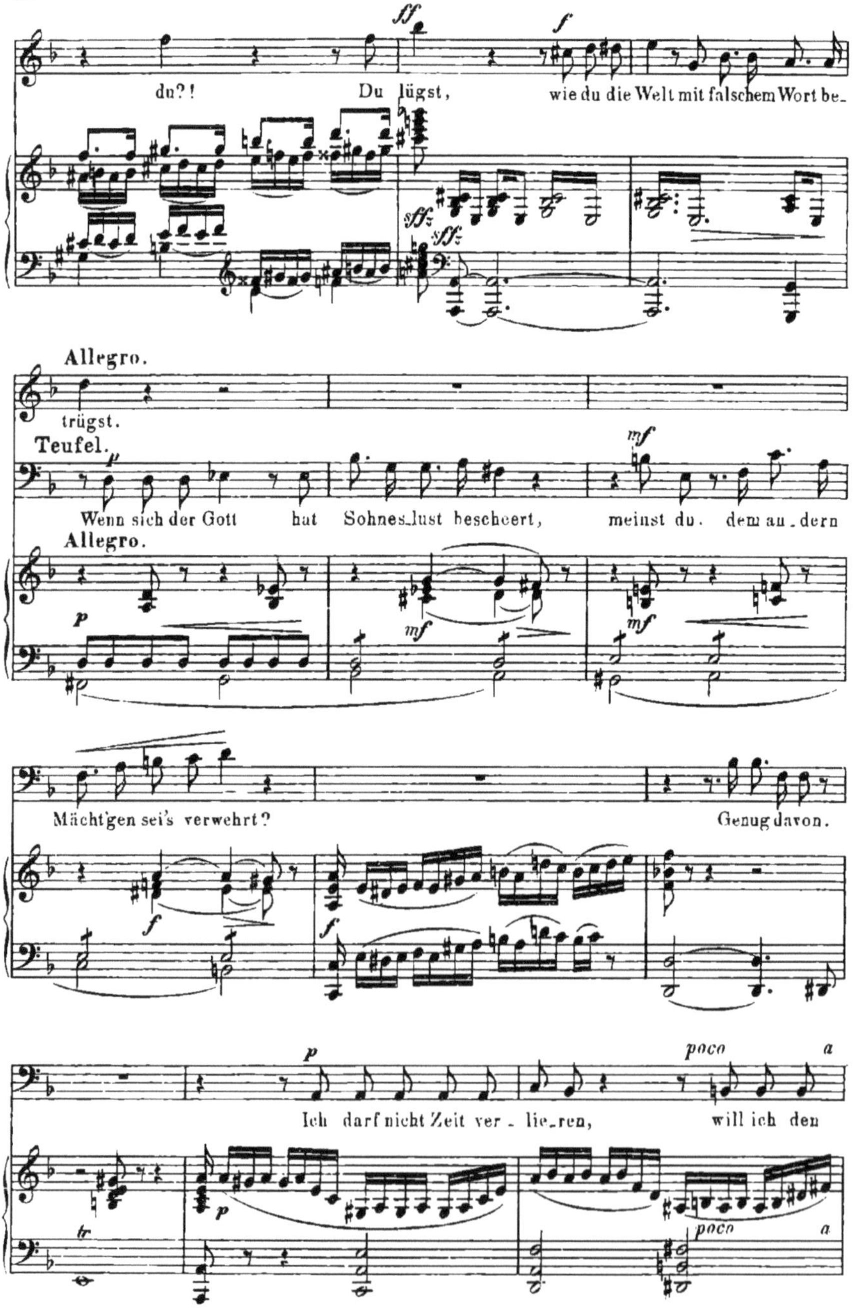
du?! Du lügst, wie du die Welt mit falschem Wort be-
Allegro.
trügst.
Teufel.
Wenn sich der Gott hat Sohnes-lust bescheert, meinst du, dem an-dern
Allegro.
Mächt'gen sei's verwehrt?
Genug davon.
Ich darf nicht Zeit ver-lie-ren, will ich den
poco a
poco a

schön-ste Lange-weil' uns ma-chen.   Doch jetzt hat's

Ei-le, du musst fort, Merlin!   nach Kö-nigs Ar-tus' Ho-fe sollst du
                                                              Hörner

zieh'n.   Von Schwermuth findest du   den Kö-nig trüb' um-fangen, nach

hohem, seltnen Ziel   trägt er Ver-langen;   Doch weiss er sich, ob

links,   ob rechts,   nicht Rath,   ob vor-, ob rückwärts geht der

Merlin.

Ar_tus gehn, um ihm als Füh_rer bei_zustehn, sag, welche Strasse schlag'ich

ein? Das lass nicht dei_ne Sor_ge sein.— Zu_erst entschliesse

dich.— Des Zau_berns ho_he Ga_be em_pfängst du dann durch

mich, so weit ich selbst sie

ha_be.

Merlin.
(sinnend)

Ich sah den

(Er lässt Merlin's Hand los.)

Nun geh' so gleich.   Blitz,   Don ner

brauchst du nicht zu scheun,   sie wer den

dir   er geb ne Die ner seiu.

poco   a   poco   cresc.

Hast Ar _ tus du, wo _ hin er will ge-

führt, so künd' ich wei _ ter dir,

was dir zu thun ge - -

(Merlin nimmt Hut und Bogen, geht ein paar Schritte, dann bleibt er einen Augenblick

bührt.

stehen und blickt auf den Grabhügel.)

Merlin.

Das letz - te

Le - be - wohl dir, mei - ne Mutter.

(Er geht den

Felspfad durch die Mitte ab und wird noch einige Male auf demselben in den aufleuchtenden **Blitzen**

sichtbar.) Das Gewitter bricht nun in seiner ganzen Macht los, und die **Bühne** verfinstert sich vollständig,

so dass auch der **Teufel**, welcher stehen geblieben ist und **Merlin** mit verschränkten Armen nachsieht, im

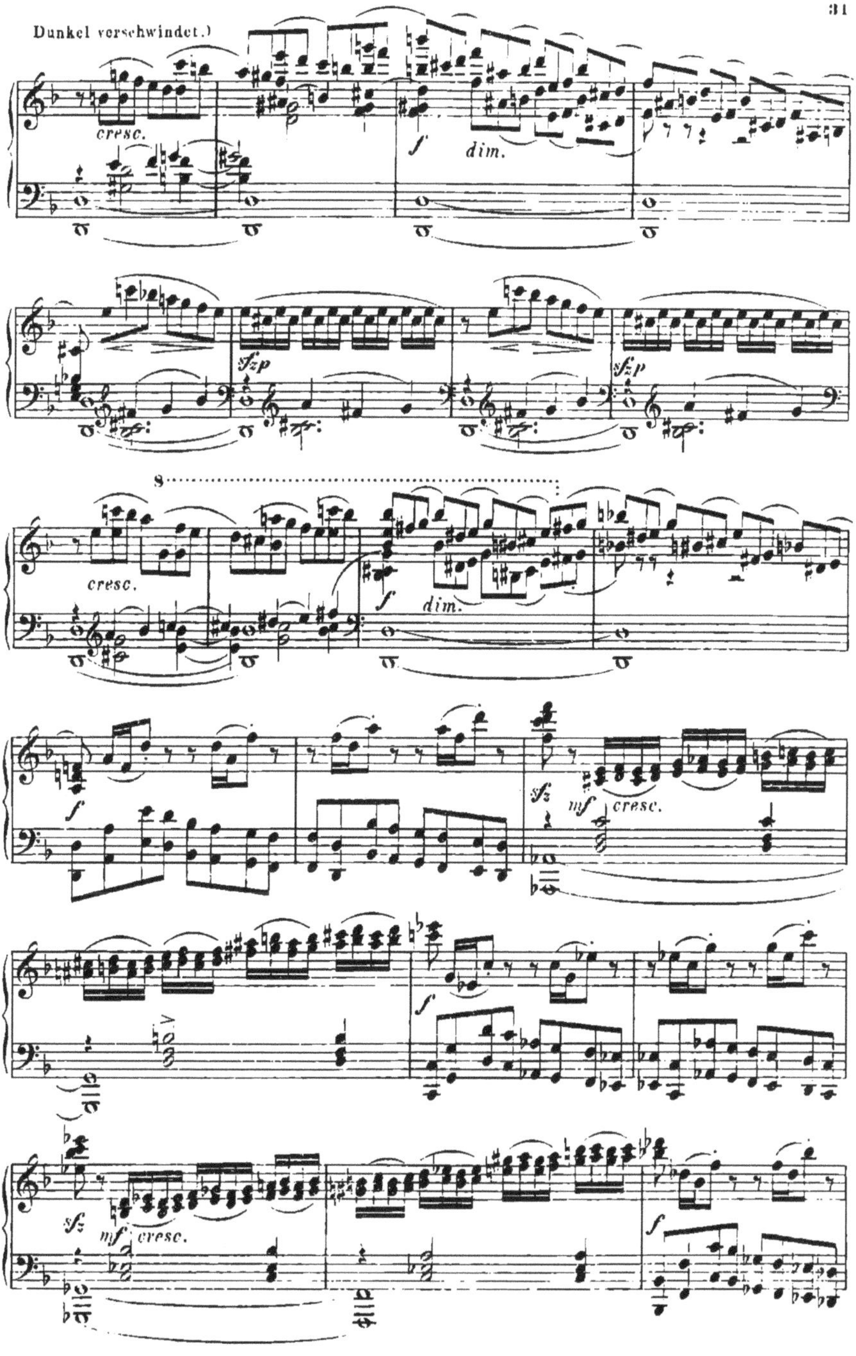
Dunkel verschwindet.)
cresc.
f
dim.
sfzp
sfzp
8
cresc.
f
dim.
f
sfz
mf
cresc.
f
sfz
mf
cresc.
f

Meno Allegro.

Zweite Scene.

Allmählicherhellt sich die Bühne wieder, und man sieht eine von der Morgensonne bestrahlte liebliche Thal-
landschaft, links eine kleine Anhöhe, an deren Fuss unter einem Baume auf einer Rasenbank Viviane sitzt
und sich aus Rosen einen Kranz windet, den sie sich gegen das Ende des Liedes aufsetzt.

Viviane. Romanze.

Ein Baum steht auf der Hai _ den, sein

Laub ist frisch und grün, ein Mägd _ lein sass da _ run _ ter, ein

Rit_tersmann kam ge_zo_gen, vor ihr hemmt er den Fuss, mit

ehr_furchtsvol_lem Nei _ gen er bie_tet ihr sei _ nen Gruss.

Ob.

„O wun _ der_schö _ nes

Mägd_lein, das Kränz_lein schen_ke mir, es duf_tet und klingt so

süsse, ich dank' es e _ wig dir." „Soll ich den Kranz dir

ge _ ben, den sü _ ssen, sü _ ssen Kranz, so

geb' ich dir mein Le _ _ ben.— Nun nimm es hin denn

ganz." „Ach wun _ der_schö _ nes Mägd _ lein, drei

Mon - den har - re hier, nach drei - en Mon - den

keh - ret dein Rit - ter heim zu dir."

Ein Jahr hat sie ge - schau - et wohl

nach dem Rit - ter aus, dann schloss sie die mü - den Au - gen,

Merlin.

Allegro moderato.

O wun _ _ der _ hol _ de Maid! ver _ stum _ me nicht! O lass noch ein Mal dei _ ne Stim _ _ me mich ver _ neh _ men, noch

47

Ein ar_mes ir_disch Kind bin ich. Doch

Allegro vivace. ♩.=♩ vorher

du, dein Au_ge dringt mir in die See_le

mit wun_der ba_rer Zau_bermacht.

Wo_hin, wo_hin, Mer_lin,

hast du mein Herz ge_bracht!

Merlin.

Du ein - zig, einz' - ges Weib!____ Die

Clar.

Andante. ♩. = ♩. vorher

Zeit____ steht still, der E - - wigkei - - ten noch

nie - - empfund - ne Se - lig - kei - - ten um -

träu - - men mich mit hol - - den

ist,____ als hätt' ich längst ge-meint. hier müsst' erscheinen mir der Clar.

Freund. Nun stehst____ du vor mir, licht um-flos_sen, mein

Viol. solo

Le_ben fühl' ich erst ____ von dir er_schlos_sen. Aus

molto cresc.

Kindestraume scheu er_wacht. hast du mich erst an's heh_re Licht ge-

Allegro.

Gut! Werd' ich das Glück denn tra _ gen kön _ nen?

Gut! Wird es mir nicht das

Herz zer _ tren _ nen?

Du musst mein Held, mein Hel _ fer sein.

sein. In

Du musst mir Muth und Kraft ver_leihn.

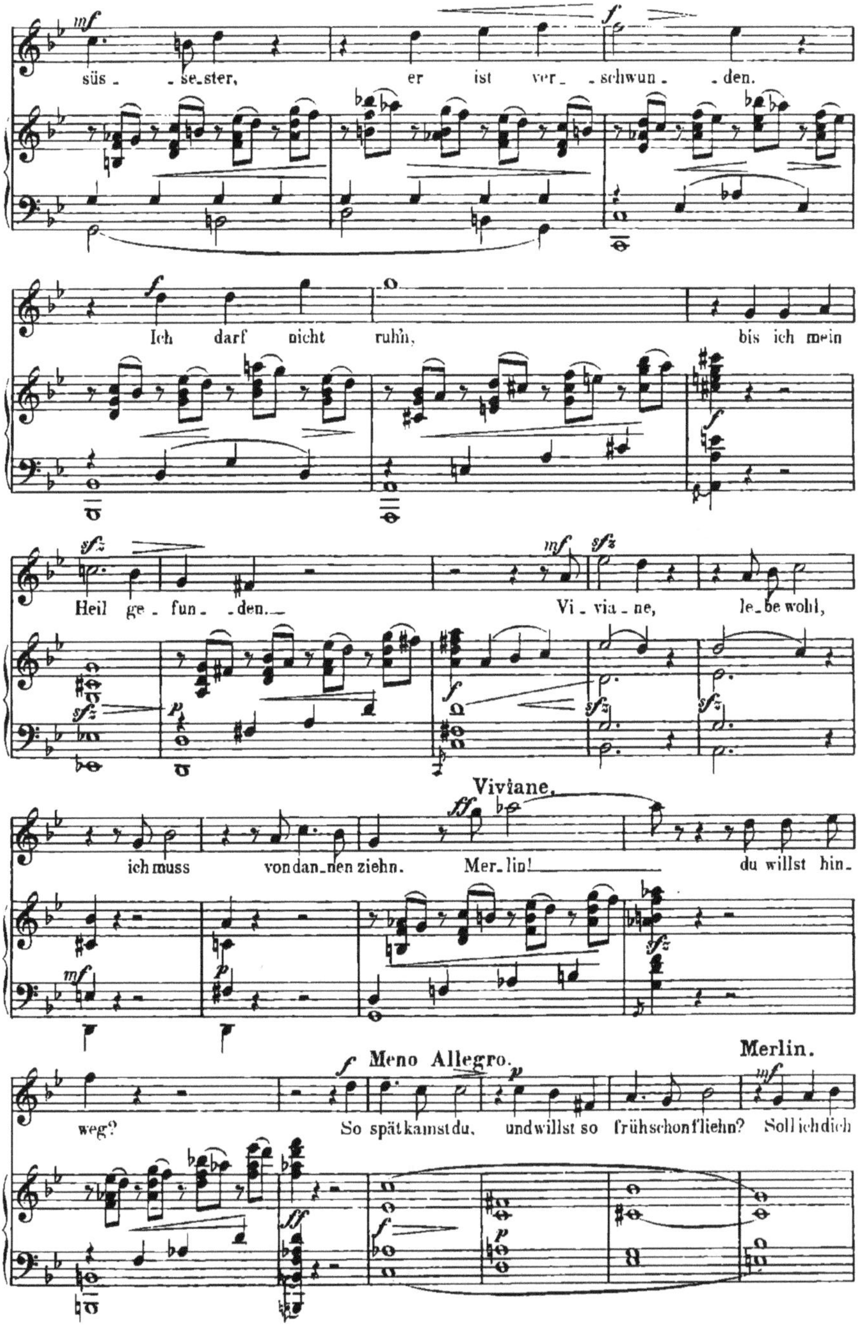

süs_ _se_ster, er ist ver_ _schwun_ _den.

Ich darf nicht ruhn, bis ich mein

Heil ge_ fun_ _den.___ Vi_ via_ ne, le_ be wohl,

Viviane.

ich muss von dan_nen ziehn. Mer_ lin!_____ du willst hin_

Meno Allegro.   **Merlin.**

weg? So spät kamst du, und willst so früh schon fliehn? Soll ich dich

Allegro.

cresc.

nicht auf e___wig mei___den, so gön___ne mir ein kur___zes

Schei___den. Viviane. Mer___lin,___ was zwingt dich von Vi___

Merlin.
via___nen? Es war dein ei___gen war___nend Mah___nen. Viviane. O wei___le,

einz'___ger Mann, o___wei___le. Merlin. Ich muss hin___weg

Bläser. Streicher. Bläser. Streicher. Bläser.

Allegro vivace.   Merlin.

Den dritten Tag von heut' ge _ he, Viria _ ne, du, auf je _ ne Hö _ he, und schaue aus in's fer _ ne Thal, _ Wen siehst du dort in wildem Ja _ gen her zu dir ei _ len, wind _ ge _ tra _ gen, be _ leuch _ tet von der Son _ ne Strahl? Es ist Mer _

Viviane. (Die das

Vorhergehende mit steigendem Erwarten und Gebärden begleitet hat.)

lin, der wind ge.tra .gen her zu mir eilt in wil.dem

Ja _gen, zu lö .schen mei. .ner Sehn. .sucht Qual.

Merlin. Ja! ja! ich bin's! **Viviane.** Es ist Mer.lin!

Merlin. Nun

lass nicht arm mich in die Frem .de ziehn.

ein Dein= Ge=den_ken sollst du mir ver_

leihn, den Kranz mir schen_ken,

der dein Haar um=duf_ _tet, er

soll mein höch_ _ _ _stes Klei_ _nod sein.

Andante. (Tempo della Romanza.)

Viviane. (sinnend)

Soll ich_____ den

Kranz_____ dir ge _ ben

(in höchster Aufregung)

Allegro vivace.

geb' ich dir

auch_____ mein Le _ ben.

So nimm denn

(Sie wirft sich an seine Brust und giebt ihm den Kranz, den

er sich um das Barett legt. Diesen Kranz hat Merlin während der ganzen Oper um das Barett.)

Merlin.

Wie fern___ ich

auch___ mag wei ___ len. mein Le ___ ben wei ___ let

Viviane.

hier. Wo _ hin ___ du auch ___ magst ei _ len

mein Le _ _ ben eilt _ _ mit dir.

Viviane.

Mein Le _ _ ben eilt _ _ mit dir. Leb'

Merlin.

Mein Le _ _ ben wei _ _ let hier. Leb'

wohl! leb' wohl!

(Er reisst sich los.)

wohl! leb' wohl!

(Viviane steigt auf den Hügel, winkt ihm nach, kommt dann herab, traurig sinnend.)

Viviane.

Ein Jahr hat sie ge-schau_____et wohl nach dem Rit_ter aus, dann schloss sie die mü__den Au_____gen, th t sie nicht wie__der auf.

(Sie birgt das Ge_

sicht in die Hände.) Der Vorhang fällt

Ende des ersten Aktes.

Zweiter Akt.

Erste Scene.

Hof des **Königs Artus**. Im Hintergrunde und auf der linken Seite eine Säulenhalle, welche in eine Veranda nach vorn endet, von der rings herum zwei Stufen herabführen. Auf derselben sitzt **Artus** sinnend, den Kopf in die Hand gelegt. Im Hintergrunde Gruppen von **Rittern**, die sich nach dem Vordergrunde rechts während der folgenden Unterhaltung zusammen ziehen.

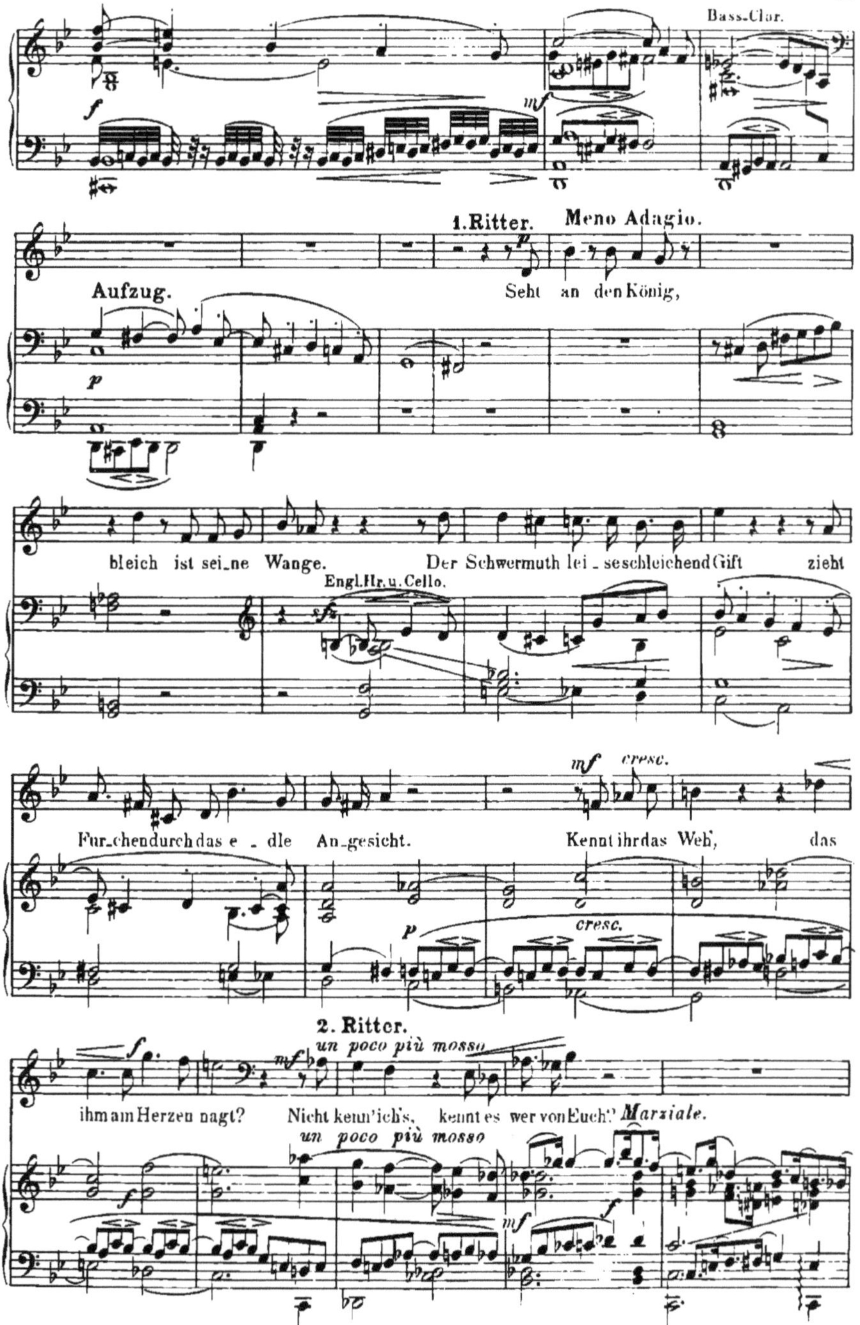
Bass-Clar.
f
mf
1. Ritter.
Meno Adagio.
p
Aufzug.
Seht an den König,
p
bleich ist sei-ne Wange. Der Schwermuth lei-se schleichend Gift zieht
Engl. Hr. u. Cello.
sfz
Fur-chen durch das e-dle An-gesicht. Kennt ihr das Weh, das
mf
cresc.
p
cresc.
2. Ritter.
un poco più mosso
f
mf
ihm am Herzen nagt? Nicht kenn' ich's, kennt es wer von Euch? Marziale.
un poco più mosso
f
mf

Ar— tus birgt sein Leid in eig — ner

Brust, anch der Ge — mah — lin hat er's

nicht vertraut.

Alle Ritter. O tie — fes, tie_fes Weh', das auch der

Doch

be _ sten Gat _ tin Trost ver_schmäht.

län _ _ ger nicht be _ zwingt die Kö _ _ nigin des

Her _ _ zens Qual, die ban _ _ ge Un _ ge _

74

duld.

Gi — ne — — vra kommt hier —

her, um zu er for — — schen von Ar tus

selbst, was ihn so schwer be —

drückt.
Engl.Hr.u.Clar.

Seht

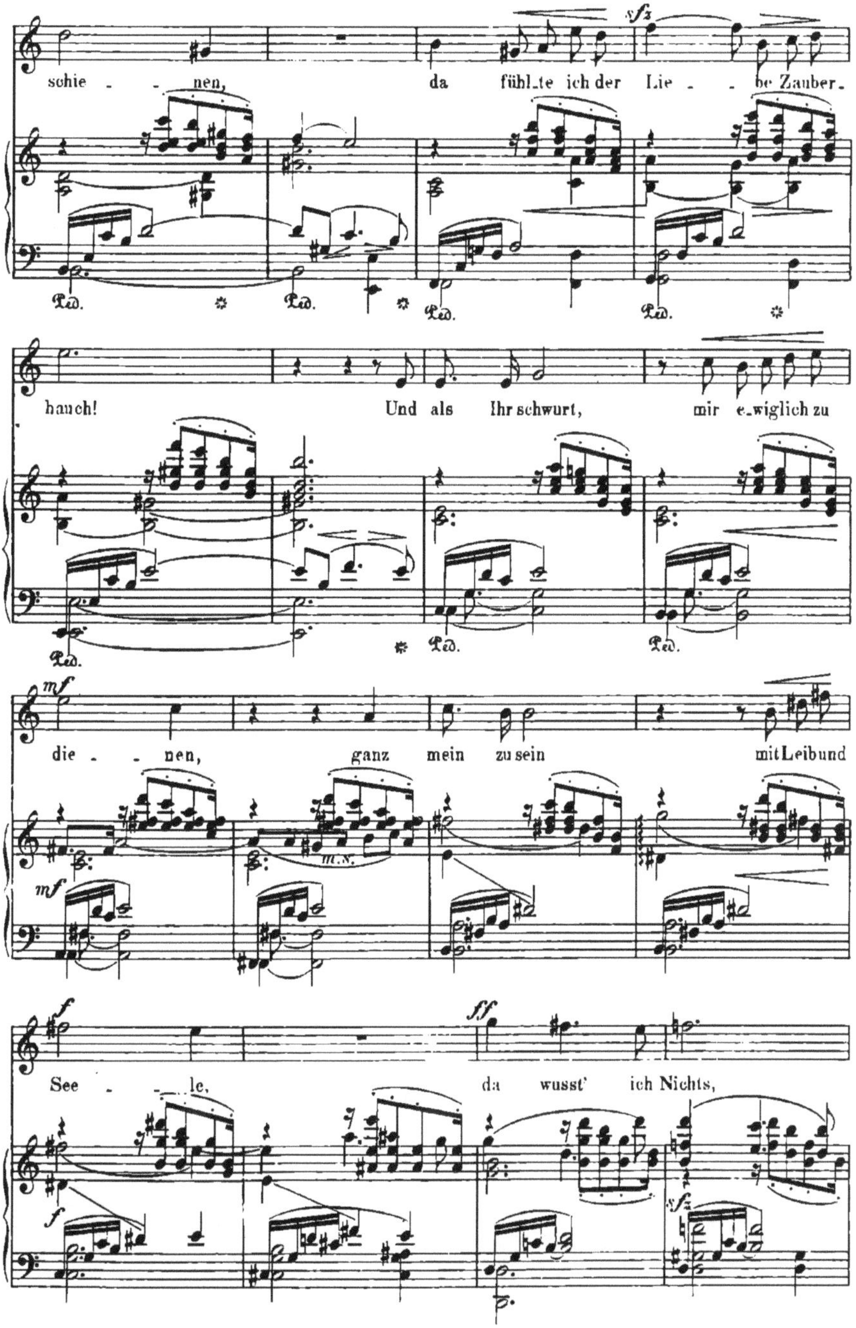
schie - - nen, da fühl_te ich der Lie - - be Zauber_
hauch! Und als Ihr schwurt, mir e_wiglich zu
die - - nen, ganz mein zu sein mit Leib und
See - - le, da wusst' ich Nichts,
Ped.
mf
m.s.
f
ff
sfz

was meinem Glü _ _ cke fehl _ te. Auf

wei _ ter Welt durft's kei _ nem Weibe zie _ men, sich solcher

Fl. u. Clar.

sempre Pedal.

Se _ ligkeit, wie ich, zu rüh _ men. Ein je _ der

Ob.

Wunsch. der schüch _ tern lei _ se im jungen Her _ zenkaumer _

80

Kum _ mer mir, der Euch ver_zehrt. Lasst

cresc.

mich, wie sonst, ihn wil_lig thei _ _ len,

mf

cresc.

mit Lie _ _ be Euch die Wunde

cresc.

f

bei _ _ _ len!

molto cresc.

Allegro vivace.

Bin ich denn nicht ein Weib.   Hast du er-

mes_sen, dass all mein Him _ _ mel Ar _ tus ist?

Kannst du Gi _ ne _ vra's Lie _ be so ver _ ges _ sen, wie man ein

(gewissermassen *freudig*)

Stück_ _chen Tand ver _ gisst?   O

nein, o nein, mein Ar _ tus wird jetzt

ei _ len, mit sei _ _ _ nem Weib sein

gan _ zes Leid zu thei _ len.   (Der König sieht gleichgültig auf

ging, so ver - lo - ren,

uie läch - le je mir wieder deine Huld,

wenn sich mein

Herz — bewusst der kleinsten Schuld.

(auf die

In

Knie stürzend)

Thrä - - nen hier will ich mein gan - - zes Le - ben

Artus.

(Gi_ne_vra kniet?)   Ihr edlen Frau_en knieet?

die Rit_ter   von der Ta_fel_runde seh' ich knie_en?

(Sie stehen auf.)

Er_ he_bet Euch!

Pos.   Hörner

(Artus auf Ginevra zugehend, sie aufhebend.)

Tromp.

marcato

Moderato. *p*   *poco cresc.*   *mf*

Auch du, mein theures Weib,   steh' auf,   an Artus' Her_zen   ist dein Platz.

(Sie hat ihn selig angesehen, an seinen Hals fliegend.) **Ginevra.** *mf*

Mein theu_rer Kö_nig,   her_ziger Ge_mahl,   so trägt Gi_ne_vra   kei_ne Schuld   an dei_ner Qual?

Artus. *p*

Wie konnte, treu_stes Weib,   je sol_che Schuld dich drücken!

Doch nun, da ich zum Leben neu er.wacht, hört, was des Königs

Sinne so be rü cken, ver sen ken musst'in ew.ge Trauer.nacht.

Adagio.

Vom

schön _ _ sten Tag   in

Flöten

Wal _ _ _ des_lust ge _ trie _ ben,

hört' ich ____ der

Vö _ _ gel   fröh _ _ _ _ li_chen Ge_

94

Har _ fe un _ ter grü _ nen Schat _ ten lag

A _ _ _ le_ard auf wei _ _ _ chen, dufti _ _ _ gen

Mat _ _ ten. Der

poco più mosso

San _ _ _ ges_held in un_ _ _ _ serm

poco più mosso

Pos.

Rit___ter_krei___se, von ihm_____ er_tön__te je_ne Wun___der_wei___se, dass ihr nun wisst, was mir im tief_sten Her___zen er_zeugt den

Brand ___ un_sag_bar bitt_ _rer Schmer _ zen.

so mag der Sän _ ger euch das Lied____ jetzt

sin _ _ gen.   Auf A_le_ard.

lass es er_klingen!

(Aleard mit der Harfe im Arm tritt vor und kniet vor dem Könige nieder.)

meno mosso

Aleard. _p_

Zu_nächst verzeibt, o Herr, wenn oh_ne Wis_sen Euch

Artus (ihn aufhebend) _mf_

A_le_ard in sol_ches Leid ge_ris_sen. Nicht

du, mein Freund, schlugst mir die schwe_re Wunde, es war ein Gott, der sprach aus dei_nem

Aleard. _p_ _mf_

Mun_de. So folg'ich gern und wil_lig dem Be_feh_le. Horcht

anf und merket wohl, was ich er_zäh_le:

2.Harfe

Ped.

Aleard.

Nun will ich sin_gen und kün_den von ei_ner Wü _ _ _ste weit, wie

cresc.

kei _ ne je zu fin _ den so tie _ fer Ein _ sam _ keit. Das Kräut _ lein, das dort

sprie _ sset, es hei _ sset letz _ te Noth. das Brünnlein, das drinn fliesset. das

hei _ sset bit _ trer Tod. So weit die Au _ gen se _ hen, von

Sand ein oe _ des Meer, kein Lüft _ lein will drü _ ber

we _ hen, kein Laut schallt rings _ um _ her. Des

To _ des tief _ stes Schwei _ gen.

Doch wenn der Son _ _ nen ball gen A _ bend sich thät

Harfe

nei _ _ gen. dann tönt's_____ mit

ei _ nem Mal. die Win _ de we _ _ hen und

più mosso

tra _ _ gen ein tief _ stes Her _ ze leid _ _ in

to _ _ des_ban _ gen Kla _ gen ü_ber die Wü _ _ ste

molto cresc.

p *molto* *cresc.* *f*

weit. Das schmer _ zen _ rei _ _ che Klin _ gen, wo

mf

mf

cresc. *f*

her ist es ent _ facht, das gleich das Herz zer _ sprin _ gen vor

mf

Jam_mer und Thrä_____nen macht?

Ein Kriegsknecht hat ver_gos_sen der Süh_ne heil'_ges

Blut. aus reinstem Leib ge_flos_sen, der Menschenhöch_stes Gut. In

heh_ren Kelch ge_bettet der ew'_gen Lie_be Pfand, das Blut das uns er_

rettet. der Graal____ wird es ge_nannt. Dies

höch_ste von al_len Gü_tern, ver_ges_sen und ver_kannt, ver_

las_sen von sei_nen Hü_tern um_fängt es der Wü____sten.

sand. Der Graal ist's, der so klinget ü_ber die Wü _ ste

weit, dem sich das Weh' ent _ rin_get zur stil_len A_bend_zeit.

Ihr ö _ den, wü _ sten
Tromp.

Tromp.
Pos.

Her _ zen, merkt auf___ und sin _ _ net nach, auf dass des

Graa _ les Schmer_zen in euch___ soll'n wer _ _

... den wach.   Habt ihr den Klang ver_nommen, so zie_het hin noch heut, Der Wü_ste dann ent_kom_men, blüht ihr in E_wig_keit.

Moderato.   **Artus.**

Habt ihr's ge_hört?_ Vielleicht gilt es euch Nichts. mir gilt es Al_les!

O du sel' ge Quel le des ew' gen
rein sten Him mels lichts. er hab nes
Blut, wie führ ich dei ne Wel le
aus je ner Wü ste fern ver bor genem

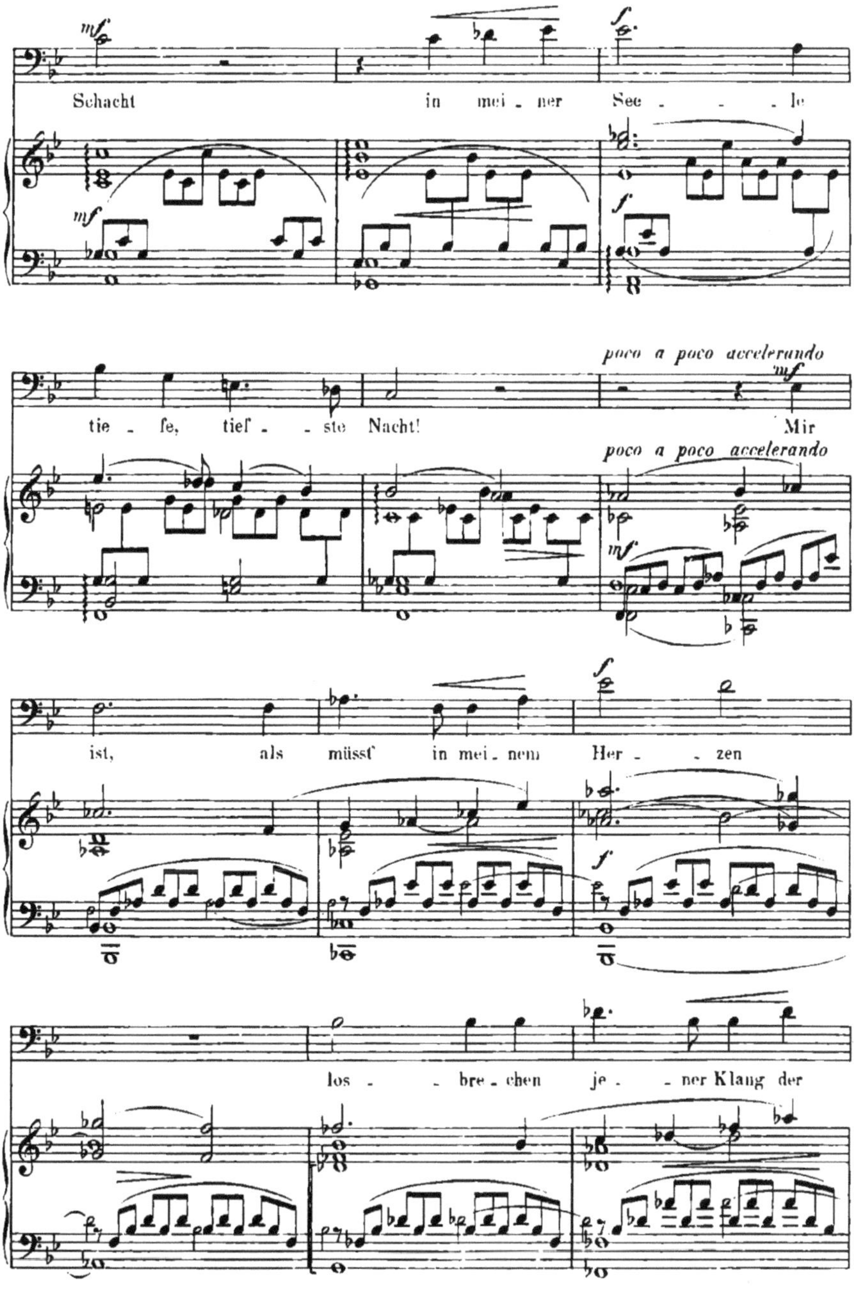
Schacht in mei - ner See - - - le
tie - fe, tief - - ste Nacht!
poco a poco accelerando
Mir
poco a poco accelerando
ist, als müsst' in mei - nem Her - - zen
los - - bre - chen je - - ner Klang der

fer_ne her ein leises Weinen, als zit_tert' in den stillen Lüften ein Kla_gen wie aus

ew'gen Grüften? Horch!_ Horch!_ Ach nein, es schweigt der Graal,

Nichts tönt umher, als meine Qual. Ich trag' es

länger nicht, das wilde Sehnen will mir des Bu_sens ban_ge En_gen bis an des

Him _ mels Wöl _ bung spren _ gen.

Tromp.

O würd' des

Graal es Trauer mich um _ tö _ nen, dass ich zer schmelzen könnt' in ew _ ge

Thrä _ nen.

Mir wär' es Trost für des Ge _ wis _ sens We_hen, im

p meno mosso

meno mosso

Klang des heilgen Blu_tes zu ver_ge_hen.   Doch ach!_   Um-

sonst,   es schweigt der Graal,   nur ein_zig tö_net meines Her_zens Qual.

Moderato. ($\downarrow = \downarrow$ vorher.)
Alle Ritter und Frauen.

Sopr. *p*
O, möch_te Gott mit gna_denreichen Händen dir, König, einen Hel_fer sen_den.

Alt. *p*
O möch_te Gott mit gna_denreichen Händen dir, König, einen Helfer sen_den.

Tenor. *p*
O möch_te Gott mit gnaden_reichen Händen dir, König, einen Hel_fer sen_den.

Bass. *p*
O möch_te Gott mit gna_denreichen Händen dir, König, einen Helfer sen_den.

Moderato.

Allegro vivace.

mf   *molto cresc.*

111

L'istesso tempo.

mir ent-brennt im wil-den Her-zen ein wun-der-selt-sam,

heis-ses Seh-nen, im Graal zu ber-gen

al-le mei-ne Schmer-zen, in ihn zu gie-ssen al-le mei-ne

Thrä-nen. Doch nim-mer

kann es uns, o Kö — nig, from — men, mit müss'gen

Kla — gen hier zu wei — len. es wird der

Graal zu uns nie sel — ber kom — men, wir mü — ssen

hin zu ihm ___ in ste — ter Sehn — sucht ei — len. Auf

Ped.

fern.

Auf schma lem Steg, auf

dorn gem Weg. durch Noth und Pein, nur so kann der Graal uns er

Ginevra.

Auf schmalem Steg. auf dorn'gem Weg.

Aleard.

Auf schmalem Steg,

Artus.

auf dorn'gem

wor ben sein.

Gawein.

Auf schma lem Steg. auf dorn gem Weg. durch

(begeistert)

Auf schma lem Steg. auf dorn gem Weg, durch

Alle Ritter und Frauen.

Auf schma lem Steg. auf dorn gem Weg. durch

121

122

Maestoso.   Artus.

Berei_tet euch so gleich, ihr Herrn der Ta _ felrun_de; dem

ird'schen Hof und Heim ge _ hört_nicht mehr die Stunde.

(Die Ritter gehen in den Hintergrund

und ertheilen dort den Knappen Befehle.)

(zu Ginevra)

Du hast   mir sü_ssen Trost ge_spen_det.   dein

Tromp.

Wort   vom Him _ mel kam's ge _ sen _ det.

Alcard.

Nicht kenn' ich ihn, o Herr!

rath _ los steht A _ le_ard vor dir.

Artus.

Ihr Frau'n, ihr Ritter, _ Knech _ te, wer es auch

sei, der kun _ dig der Stra _ sse, die wir zie _ hen müs _ sen

(Die Ritter sind wieder in den

er trete vor und ü_ber_neh_me die Führerschaft.

Vordergrund gekommen. Alle schweigen.)

Weh' mir! so muss ich doch ver_za _ gen,

(Merlin kommt zu Ross, wie vorhin gekleidet.

der See _ le Frieden zu er _ ja_gen.

Moderato.

steigt im Hintergrunde schnell ab, übergiebt einem Knappen das Ross und kommt vor zu Artus.)

poco

a

poco

cre - - - - scen - -

do - - - sempre cresc.

m.s.   m.d. m.s.

m.d.   m.d.

m.d.

ff m.s.

Merlin (knieend)   ff

Heil! König Artus   Heil!

ff

Ped.

Artus (ihn aufhebend.)

Wer bist du, und was führt dich her zu mir?

Merlin. *rit.* poco Andante.

Mer_lin — bin ich ge_nannt, doch

poco accel.
cresc.

wei_ter for_sche nicht. Frag' nicht die Hand, die aus dem

poco accel.
cresc.

tempo precedente.

Wel_lengrab an's Licht dich reisst. wem sie ge_hört. Er_

Allegro.

lö-sung bring'ich dir,

Tromp.

Pos.

Du willst zum Graal!

Des Weg's un-kun-dig bist du sorg-um-

fan-gen: Merlin hilft dir, zum Zie-le

zü - gel frei, bergäb, berg auf; steht es dann still, und bringt kein

Schmeichelwort es fürder mehr vom festgefassten Ort. dann mache Halt, dann

steig' vom Ross her - nie - der: du bist am Ziel, dort

se - hen wir uns wie - - der.

mf

Chor der Ritter und Frauen.

Wort in's Herz mir ein.

Artus.
Ihr Frau'n und Herrn, der Zug sei nun ge-schaart.

Wir sind be-reit zur heil'-gen Graa-les-

Wir sind be-reit zur heil'-gen Graa-les-

Wir sind be-reit zur heil'-gen Graa-les-

Wir sind be-reit zur heil'-gen Graa-les-

134

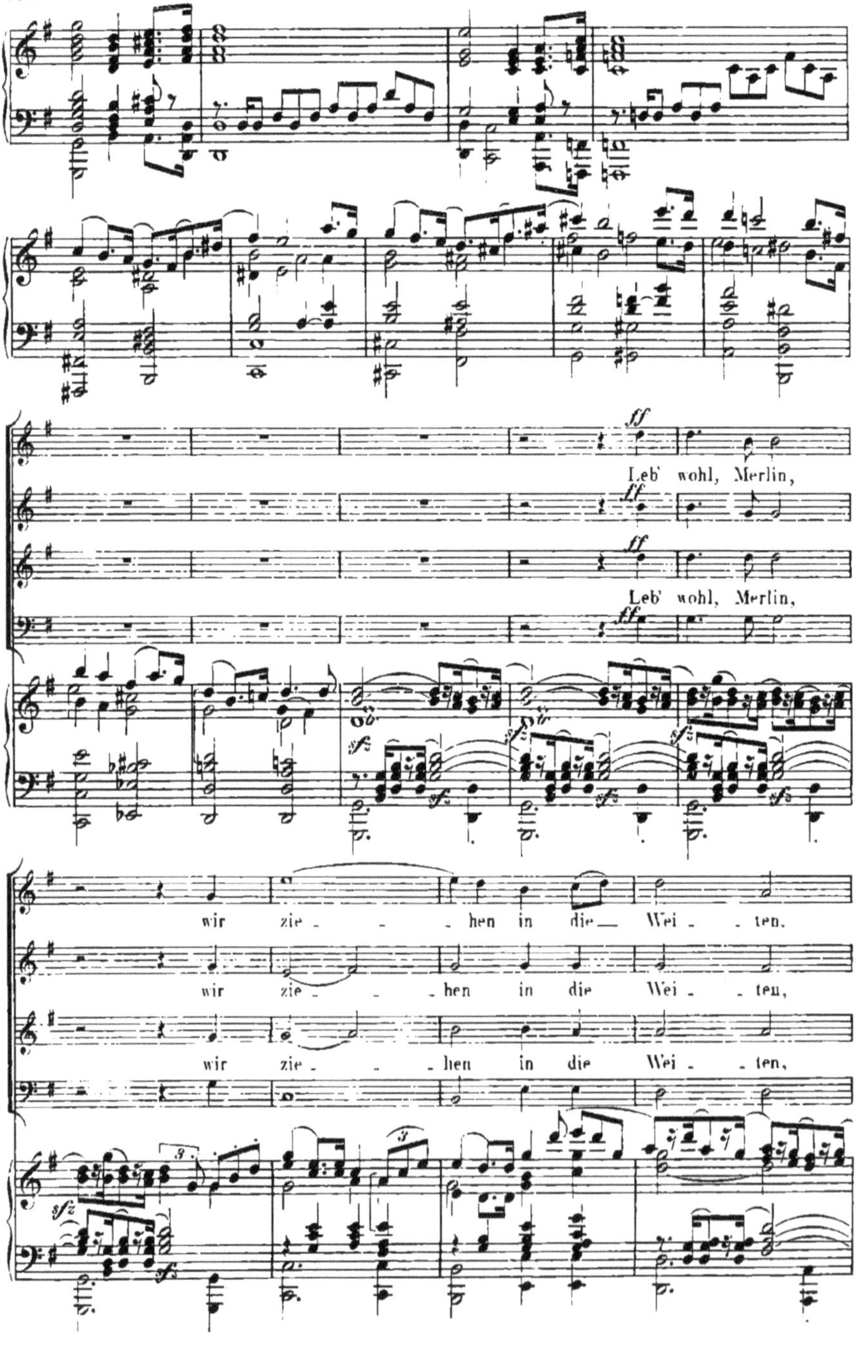

ff Leb' wohl, Merlin,

ff Leb' wohl, Merlin,

wir zie — hen in die Wei — ten.

wir zie — hen in die Wei — ten,

wir zie — hen in die Wei — ten,

der ban _ gen See _ le Frie _

der ban _ gen See _ le Frie _

der ban _ gen See _ le Frie _

den zu be _ rei _ _ ten.

den zu be _ rei _ _ ten.

den zu be _ rei _ _ ten.

Bald trennt von dir,

Bald trennt von dir,

146

(Der Zug beginnt.)

Merlin (grüssend.)

Lebt wohl!

Lebt wohl!

Lebt wohl!

Merlin (nachdem der Zug fort ist.)

Nun Wol_ke und Wind, nun tra_get ge-

schwind mich hin zum rein_sten, zum

(Er wird in Wolken eingehüllt, in denen er verschwindet.)

se _ lig _ sten Kind!

molto cresc.

Chor der Ritter und Frauen. (hinter der Scene)

Sopr. *mf* Leb' wohl, Mer_lin, wir zie _

Alt. *mf* Leb' wohl, Mer_lin, wir zie _

Ten. *mf* Leb' wohl, Mer_lin, wir zie _

Bass. *mf* Leb' wohl, Mer_lin, wir zie _

hen in die Wei __ ten,_ der ban _gen_

hen in die Wei __ ten,_ der ban _gen_

hen in die Wei __ ten,_ der ban _gen_

See __ le_ Frie __ den zu be_rei _ ten._

See __ le_ Frie __ den zu be rei _ ten._

See __ le_ Frie __ den zu be rei _ ten._

sei, ge - seg - net sei das Wie - der-sehn beim

sei, ge - seg - net sei das Wie - der-sehn beim

Graal. Leb'wohl, Leb' wohl, Merlin!

Graal. Leb'wohl, Leb' wohl, Merlin!

Die Wolken,
welche die

ganze Bühne
erfüllt haben,
verschwinden.

Zweite Scene.

Das Thal der Viviane. Diese steht auf der Anhöhe nach Merlin ausschauend.

er kehrt zu - rück!

(eilt dem auftretenden Merlin entgegen, sie treffen sich unten.)

dim.

Du bist's,   du bist's,   o höch _ _ stes

cresc.

Glück!

mf

Mein Arm hält wie _ der dich um _ fan _ gen,

Vor _ ü _ _ ber, vor _ ü _ _ ber, vor _

ü _ ber ist der Tren _ _ _ nung Ban _ gen.

(Die ♩ wie vorher die ♪)

Merlin.

In dei _ ne Au _ _ _ gen darf ich

Ach, ich kann es dir nicht

sa - - gen, welch' ei - - ne

Se - - lig-keit du giebst zu

tra - - gen.

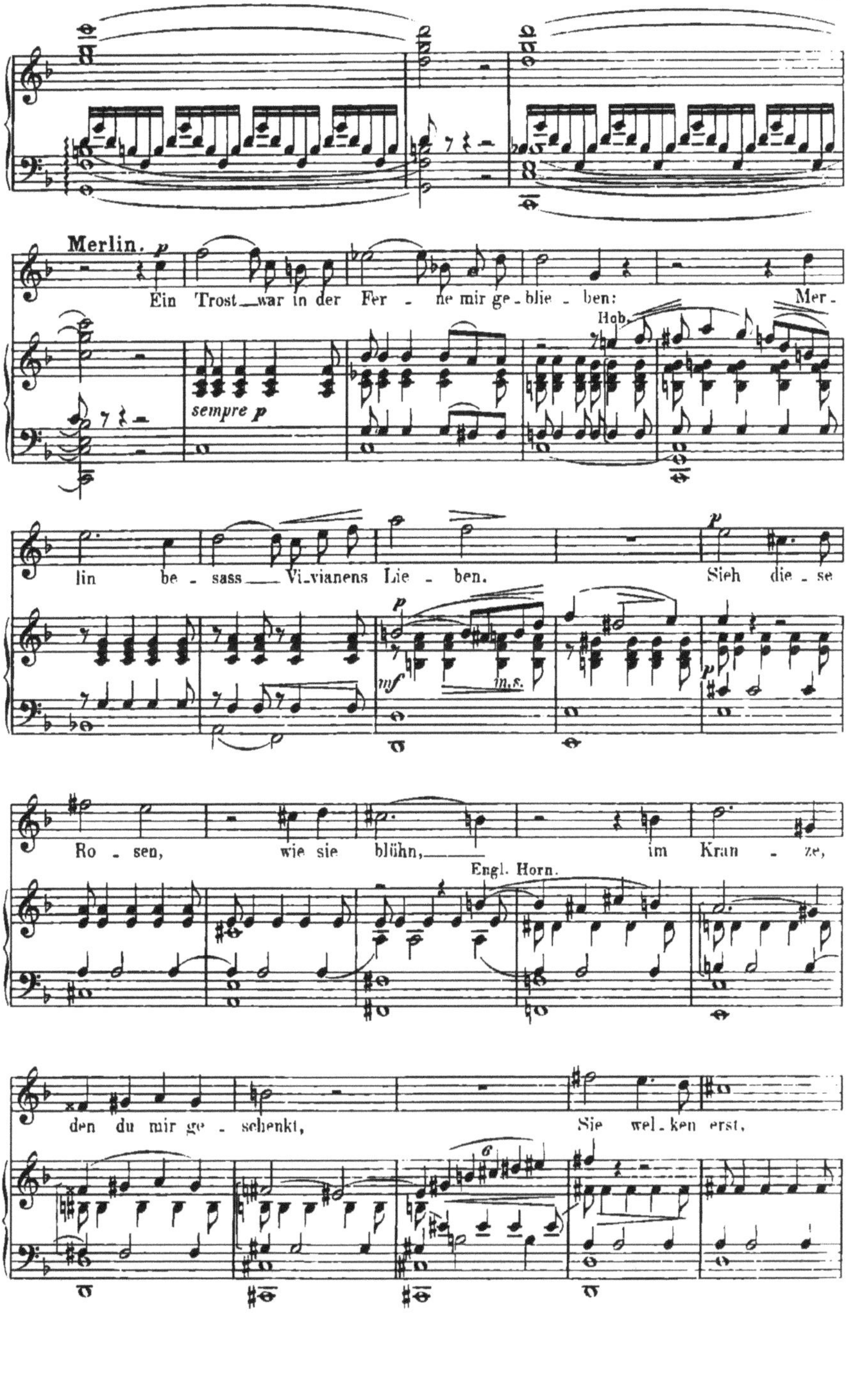
Merlin.
p
Ein Trost war in der Fer - ne mir ge - blie - ben: Mer -
Hob.
sempre p
lin be - sass Vi - vianens Lie - ben. Sieh die - se
p
mf
m.s.
p
Ro - sen, wie sie blühn, im Kran - ze,
Engl. Horn.
den du mir ge - schenkt, Sie wel - ken erst,
6

Un poco più mosso.

Merlin (sich freimachend).

Doch nicht in Ar — muth sollst du fer — ner le — — ben,

Pracht ei — nes Kö — nigs soll dich

stolz um ge ben.

Zu Vi

via nens Rast

steig' aus der Er de ein Pa last.

(Die Scene verwandelt sich. Ein herrlicher Palast, mit Garten umgeben, steigt aus der Erde. Links eine Laube.)

Ballet.

I. Tanz. Tänzerinnen aus dem Schlosse kommend gruppiren sich im Hintergrunde zu einem Halbkreise. Geflügelte Genien (Kinder) kommen herbei und geben jeder einzelnen Tänzerin einen Strauss Lilien. Nachdem sie wieder weggegangen sind, wird ein Tanz ausgeführt; indem dadurch der Hintergrund frei wird, sieht man eine Gestalt, den Glauben bedeutend, einen Lilienkranz im Haar und einen Lilienstengel in der Hand haltend, in weisser Beleuchtung. Die erste Tänzerin reicht ihren Strauss der Viviane, die übrigen stecken die Sträusse in das Flechtwerk

der Laube, so dass diese am Ende des Ballets ganz erfüllt ist von Lilien, Immergrün und Rosen. Dazu geht der Chorgesang.

Chorgesang.

Glau - be fragt, wo Un - - schuld wei - le,

Glau - be fragt, wo Un - - schuld wei - le,

dass __ er dort __ sich Woh - - nung wäh - le.

dass er Woh - nung

dass __ er dort __ sich Woh - - nung wäh - le.

dass er Woh - nung

Woh - nung hat er nun ge - fun - den __ in Vi -

Woh - nung hat er nun ge - fun - den __ in Vi -

ge - fun - - den

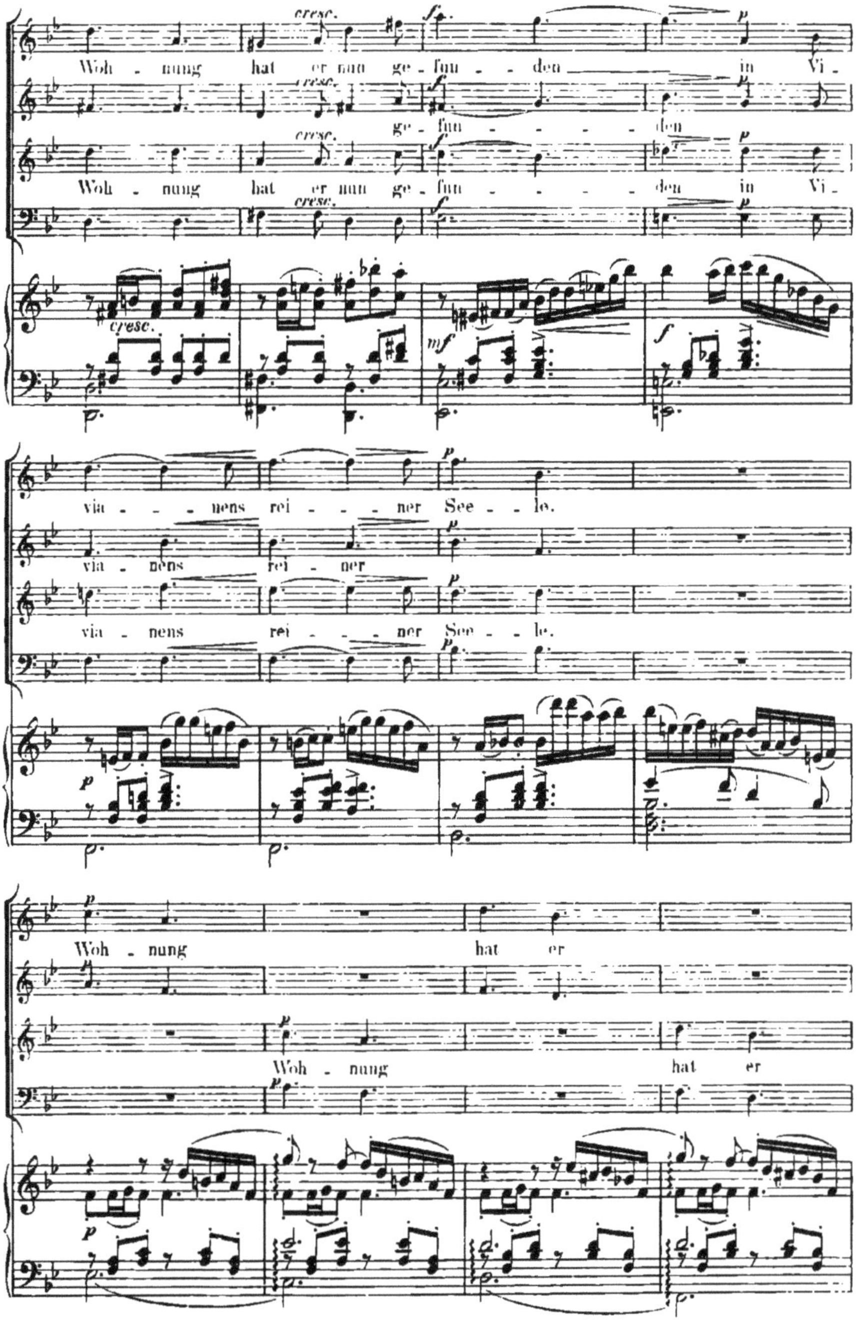
cresc.
Woh - nung hat er nun ge - fun - - den in Vi -
ge - fun - - - - - den
Woh - nung hat er nun ge - fun - - - - - - den in Vi -
mf
f
via - - - nens rei - - - ner See - - le.
via - nens rei - ner
via - nens rei - - - ner See - - le.
p
Woh - nung hat er
Woh - nung hat er

Der zweite Tanz wie oben, nur statt des Glaubens die Gestalt der Hoffnung in grüner Beleuchtung, und statt der Lilien Sträusse von Immergrün. Der Strauss wird an Merlin gereicht.

(Die ♩. = ♩. vorher)

schen _ ket Muth zu küh_ nem Stre _ ben,

ja _ gen, schen _ ket Muth zu küh _ nem

Hoff _ nung soll zu ed _ lem Wa _ gen dir,_ Mer_

Stre _ ben, Hoff _ nung soll zu ed _ lem

lin,_ im Her _ zen le _ ben.

Wa _ gen dir,_ Mer _ lin,_ im Her _ zen

soll___ zu ed _ lem Wa _ _ _ gen dir,__ Merlin.__

soll___ zu ed _ lem Wa _ _ _ gen dir,__ Merlin,__

_ im Her _ zen le _ ben.

_ im Her _ zen le _ ben.

Dritter Tanz. Hierbei erscheint die Gestalt der Liebe in rosenrother Beleuchtung, die Tänzerinnen erhalten Rosensträusse und die beiden ersten Tänzerinnen geben ihre Sträusse an Merlin und Viviane.

Lie _ be reicht _ aus Him _ mels sphä _ ren

Lie _ be reicht _ aus Him _ mels sphä _ ren

Euch _ die hol _ de Ro _ sen _ hand,

Euch die hol _ de Ro _ sen _ hand,

führt _ Mer _

führt Mer _

li - nen und Vi - vi - a - nen in das

li - nen und Vi - vi - a - nen in das

ew' - ge Ju - gend - land.

ew' - ge Ju - gend - land.

m.s.

m.s.

Lie - be reicht_ aus

Viol.

Him - mels - sphä - ren Euch die hol - de

Him - mels - sphä - ren Euch die hol - de,

Clar.

Vl.

Euch die hol - de, Euch die hol - de

Euch die hol - de, Euch die hol - de

Clar.

Vl.

mf

mf

Ro - sen - hand. Lie - be

Ro - sen - hand. Lie - be reicht aus

p

p

Vierter Tanz. Diesmal erscheinen alle drei Gestalten in rosenrother Beleuchtung ohne Blumen.

Allegro moderato.

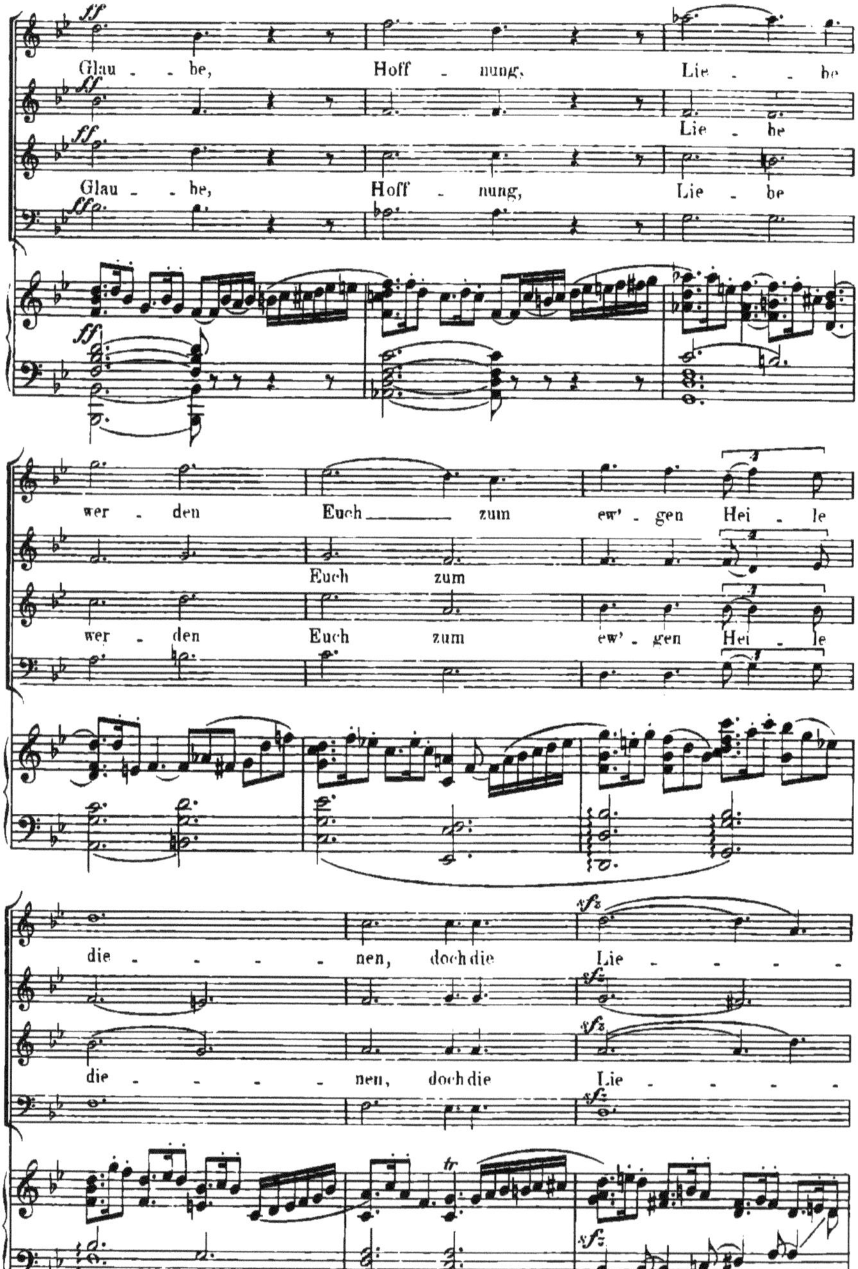
ff
Glau - be, Hoff - nung, Lie - be
Lie - be
Glau - be, Hoff - nung, Lie - be
wer - den Euch zum ew' - gen Hei - le
Euch zum
wer - den Euch zum ew' - gen Hei - le
die - - - - - nen, doch die Lie - - - - -
die - - - - - nen, doch die Lie - - - - -
sfz
tr

190

ih - - - - nen.

ih - - - - nen.

accéler.

ff

196

meno Allegro.

Mer - lin. bleib' hier.

hier ist ja ew' - - - ger Frie - den

in Vi - via - - - nens Ar - men

dir be - schie - - - den.

199

vi - a - nen und Mer - lin __ blüht dann ein ew' __ - ges

(die ♩ wie
vorher die ♪) Viviane. (wie in die Zukunft starrend.)

Glück! Nein, __ Nein! __ Merlin, du __ kehrst nicht wie - der!

In wil - de Bran - dung

steu - - erst du dein Schiff. __

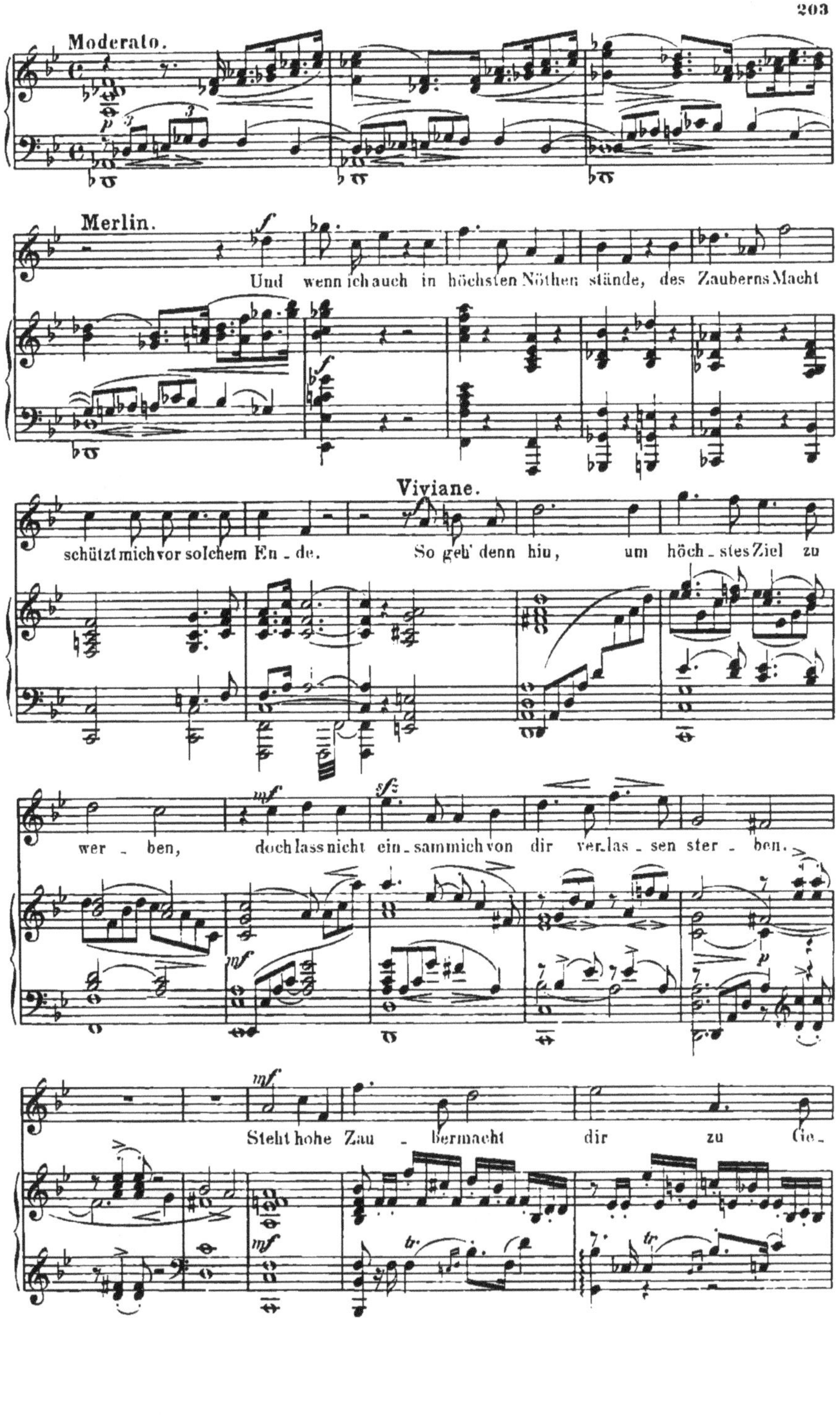
Moderato.
p
Merlin.
f
Und wenn ich auch in höchsten Nöthen stände, des Zauberns Macht
schützt mich vor solchem En - de.
Viviane.
So geh' denn hin, um höch - stes Ziel zu
wer - ben, doch lass nicht ein - sam mich von dir ver - las - sen ster - ben.
mf
sf
Steht hohe Zau - bermacht dir zu Ge -
tr

do -

So stei - ge auf, du

Quel - le mei - nes Le - bens.

(Ein Springbrunnen steigt empor.)

Maestoso.
Viol.

Sieh da, sie

hoch und hel _ _ le

hin in die wei _ _ ten

Lüf _ _ _ te springt,

immer *Pedal am Anfang eines jeden Taktes*

ein Zei _ _ chen

Dank. nun will ich nicht mehr kla - gen, wenn dich die Wün_sche in die Fer - - ne tra gen; zieh' hin, Mer - - lin, und

ster - ben.

dim.

mf   *p*   *sf*

Leb' wohl,   Leb' wohl. ___

Merlin. *mf*   *p*

Leb' wohl, ___   Leb'

Viviane.   *f*   (Er reisst sich los, sie sieht ihm nach.)

Leb' wohl.

wohl.   Leb' wohl.

ten.   *ten.*

ten.
m.s.
Ped.   ✻ simile

ten.   ten.
                                    6   ♫

Viviane (an die Quelle tretend.)

f Nun   steig' her _ _ auf.   o
ten.
m.s.

Tag.   nun   sink' her _
ten.   ten.
      6

nie _ _ der.   Nacht _ _   Vi _
ten.

via - ne hält _____ ten. an

Mer - lins Quel - le Wacht.

ff

ten.

cresc.

3

ten. *ten.*

Der Vorhang fällt.

ff

𝄢.

Ende des zweiten Aktes.

Dritter Akt.

Erste Scene.

Weite Sandwüste._Vorn links ein Zelt; vor demselben auf Teppichen gelagert:
Artus. Ginevra, Alcard, Gawein in Todesermatten.

Molto Adagio.

Chor der Ritter und Frauen. (hinter der Scene.)

Wü - sten - grab nimmt al - le Mü - den auf.

das Wüsten - grab nimmt al - le Mü - den auf.

Wü - sten - grab nimmt al - le Mü - den auf.

Wü - sten - grab nimmt al - le Mü - den auf.

sempre p

Des Le - - - bens Tag, er

Des Le - - - bens Tag, er

Des Le - - - bens Tag, er

Des Le - - - bens Tag, er

Chor der Ritter und Frauen. (hinter der Scene)

Zur Ruh', zur Ruh', nun

Zur Ruh', zur Ruh', nun

nei _ get sich zum En _ _ _ de, Herr, nimm uns

nei _ get sich zum En _ _ _ de, Herr, nimm uns

nei _ get sich zum En _ _ _ de, Herr, nimm uns

nei _ get sich zum En _ _ _ de, Herr, nimm uns

fal _ tet fromm die Hän _ _ de, zur Ruh', zur

fal _ tet fromm die Hän _ _ de, zur Ruh', zur

fal _ tet fromm die Hän _ _ de, zur Ruh', zur

fal _ tet fromm die Hän _ _ de, zur Ruh', zur

auf   in dei _ ne Gna _ den _ hän _ de.

auf _____   in dei _ ne Gna _ den _ hän _ de.

auf   in dei _ ne Gna _ den _ hän _ de.

auf   in dei _ ne Gna _ den _ hän _ de.

Ruh',   Gott schenk' ein gnä _ dig En _ de.

Ruh',   Gott schenk' ein gnä _ dig En _ de.

Ruh'.   Gott schenk' ein gnä _ dig En _ de.

Ruh',   Gott schenk' ein gnä _ dig En _ de.

Ped.   Ped.   Ped.   Ped.   Ped.   Ped.

Merlin (rasch auftretend.)

Ginevra.
Heil, König Artus! Heil! Euch allen Heil!

Aleard.
Merlin! Merlin!

Artus.
Merlin! Merlin! (Sie reichen ihm die Hände.)

Gawein.
Merlin! Merlin!

Allegro assai.

Merlin! Merlin!

Tromp.

Ginevra (zu Merlin.)

Schon sank der Hoff — nung Stern am Himmel nie — der,

jetzt steigt er hoch empor, wir ha-ben dich ja wie-der.

Adagio. Merlin (auf die untergehende Sonne zeigend.)

Seht, wie die Sonne sinkt, wie sie in Blut die Wellen taucht der sandgen Flut.

Verstummt die letz _ te Qual,

ver _ loschender letz _ te Strahl.   Mit schwarzem Grab ge _ fie _ der

Bass-Clar.

senkt sich die Nacht her _ nie _ der.

(Die ♩ wie vorher die ♪)

Nun geht zur Ruh! ... aus Schla - fes

We - - - ben er - wachs' Euch neu - es, fri - sches

Le - - ben; Hob. ... Doch dringt mein

Hor - nes-ruf an eu - er Ohr,

Auf! Auf dann! aus dem Schlaf em - por!

des Graa - les Glühn

ist dann er - wacht und

leuch - - tet durch die Wü - - -

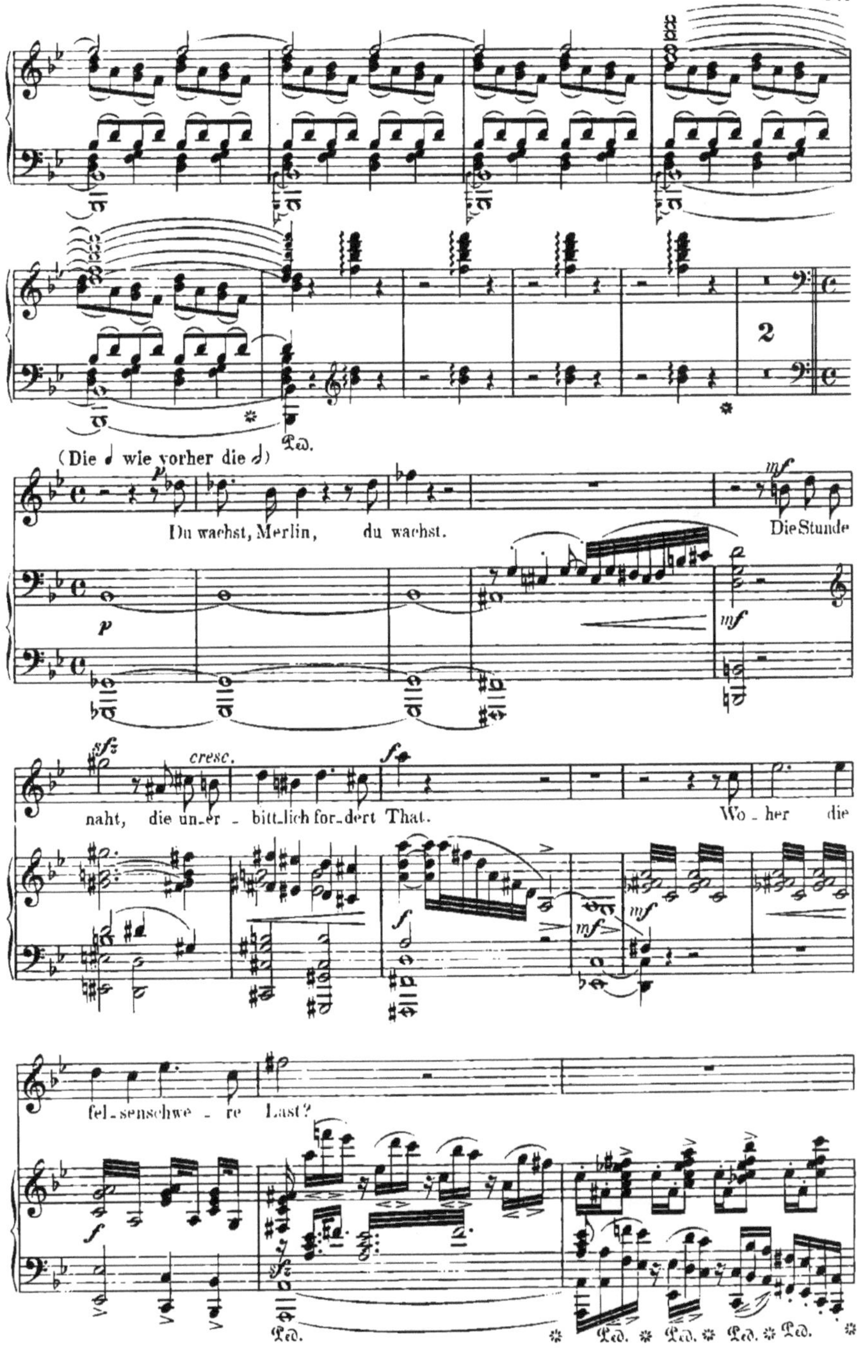
2
(Die ♩ wie vorher die 𝅗𝅥)
p
Du wachst, Merlin, du wachst.
mf
Die Stunde
sfz
cresc.
naht, die un-er-bitt-lich for-dert That.
f
Wo-her die
fel-senschwe-re Last?
Ped.

des Her _ zens pochend wil _ de Hast?

agitato

più mosso

Ich schau' vor mir der Mut _ ter Bild,

die blei _ chen Zü _ ge angst _ _ er _ füllt;

sempre f

das ist das

215

Heil mir an. Was sie be_fahl, in Treu_e sei's ge_

than. So recht! ist der Entschluss ge_

Teufel (aus der Erde steigend).

fasst, dann gleich an's Han _ deln son _ der

Rast. Die nie voll_brin _ gen,im _ mer

wol_len, ver_lie_ren fei_ge, was sie sol_len. Der

cresc.

Fei_ge will und fängt nicht an der Wil_le nie, die

That nur macht den Mann.

Merlin.

Hör'auf mit deinen klu_gen Lehren;

mf

sie würden nimmer mich be_keh_ren. Mein Will' ist fest, sie sei ge-

than die That, wo_rin die Mut_ter mir mein Heil ver_kündigt hat.

Durch die - se Kraft konnt' ihm ge - lin - - gen,

zum Herrn der Welt sich auf - zu -

schwingen. Das ver - dross den al - ten Herrn,

hätt' ihn zu Fü - ssen wie - der gern. Doch selber

konnt' er's nicht voll - en - den so thät er seinen Sohn ent - sen - den.

der starb am Kreuz, ver_goss sein Blut, nahm Al_le

wie_der in sei_ne Hut. Mir

war es recht! Doch dau_er_te mich das Menschenge_

schlecht.

Più mosso.

Auch

glaub_te er mich unter_le__gen schon;

molto cresc.

Ich biet' ihm Kampf:

Sohn ge - - gen Sohn.

Cello

Ei - ne Jung - - frau

(Im Hintergrunde wird auf einer Anhöhe ein Altar sichtbar, auf welchem ein Kelch steht.
In diesem erglänzt das heilige Blut in blutigrothem Strahlenschein.)

Molto Allegro.

Seht an den Wun-dermann Mer-lin.

dem Zau-bermacht der Va-ter hat ver-liehn.

Seht ihn in küh-nem Rin-gen

Herr-schaft der Welt er-zwin-gen.

für die se Lie be.

Tromp.

Merlin. (nachdenklich)

Hei land der Welt, so klang im Trau me der Ge

sang, da Ihm die Pracht der

Er den zu ei gen konn te wer den.

Più mosso.

Teufel.

Was

zau_derst du?

Chor der Engel.

Be___sitz, den du ge_raubt. Ver_

der_ben bringt er dei_nem Haupt. Was ew'_ge Lie_be giebt al_lein, in Lie_be

nimm's, nur das ist dein.

Allegro.

Teufel.

Ver - stopf' dein Ohr

und wen - - - de dich zur

ver _ klärt wird dir's die Lie_be wie_der_ge_ben.

Teufel. *f*

Du hast zu

wäh _ len, Le _ _ ben o _ der

Tod! Zu

Hül—fe! (stampft mit dem Fuss wie oben)

Chor der Teufel.

Wählst du den Tod, so

bist du auch ver—nich—tet, die—

Gna—de ist den Tho—ren

der Engel.

Hör' auf den Ruf der Lie- -be und der Gna- de;— dann trifft die See- le

Lie- be und der Gna- de,

e - wig - lich kein Scha - - - de.

(Merlin weicht einen Schritt zurück.)

Teufel. *f*

Ich ge - be dir den

Tod.   wenn du noch zagst,   die

Hand zur Macht nicht aus - - zu -

stre - - cken wagst.

(stampft mit dem Fuss, wie oben)

Zu Hül - fe!

Chor der Teufel.

Greif' zu,

und leg' in se-li-gen Ge-

nüs - - sen die gan - ze Welt

p *poco* -

a - *poco*

zu der Ge-lieb - - ten Füs - - sen.

cre - - *scen* -

m.s.

Merlin.

(Die Flammen verlöschen)

Più mosso.

Der Kampf___ ist aus - ge-kämpft,

ich   bin   be _ reit!   Vi _ vi _ ane! dir

Viviane.   (hinter der Scene) *f*
                                    Mer _ lin!   Mer _ lin!

Merlin.
sei   die _ se   That _   ge _ weiht!

(Viviane hereinstürmend und zu Merlin auf die Anhöhe eilend.)

di _ _ _ mi _ _ nuendo   Hörner gestopft.
                              mf

Viviane.
        Die Quelle sank.   Auf mein Ge _

die Son - ne,

du _____ mein Heil!

Der

Mut - ter Spruch ist nun er - füllt.

(Die ♩ wie vorher die ♩.)

Hell leuchtet jetzt, was mir ver-hüllt, dich auf zu-

fin den war mein Theil.

(Die ♩ wie vorher die ♩)

Ich sah den Ab-grund nicht, der mich um-

fan gen, hin ein zu-stür zen

Merlin.

Noch ist sie rein, die Hand, doch wenn sie je am heh - - ren Hei - lig - thu - me sich ver - sucht, vom eignen Herrn sei sie ver - flucht!

Allegro.

Teufel.

Tod treff' euch

Bei — — de   und Ver —

nich — — tung!

(Er versinkt. Der Graal strahlt in elektrischem Licht.)

Andante.
Chor der Engel.

Tod hat nicht Macht dich zu ver _ nich _ ten, der ew'. ge Va-

Andante.

gnä — — — dig

ter _ wird dich gnä — _ dig rich _ ten.

(Der Himmel öffnet sich, man erblickt die himmlischen Heerscharen. Artus.

dass ich noch heu . te   bei   Dir

Ginevra, Aleard, Gawein, alle Ritter und Frauen knieen nieder.)

sei   im   Pa . ra .

Allegro. (Er stirbt.)   Viviane (sterbend auf Merlin hinsinkend).

die _ _ _ _ _ _ se.   Die

p molto cresc.

Lie _ _ be giebt dir treu Ge . leit_____   in's

Land_____   der   ew' _____ gen

288

Der Vorhang fällt.

Ende der Oper.